AF335863

CE QUI PEUT RÉSULTER

DES

PROCHAINES ÉLECTIONS

PARIS

IMPRIMERIE CENTRALE DES CHEMINS DE FER

A. CHAIX & Cie

RUE BERGÈRE, 20, PRÈS DU BOULEVARD MONTMARTRE

1876

CE QUI PEUT RÉSULTER

DES

PROCHAINES ÉLECTIONS

PARIS

IMPRIMERIE CENTRALE DES CHEMINS DE FER

A. CHAIX & Cie

RUE BERGÈRE, 20, PRÈS DU BOULEVARD MONTMARTRE

1876

CE QUI PEUT RÉSULTER

DES

PROCHAINES ÉLECTIONS

Le vote qui se prépare a une importance particulière
que l'électeur ne saurait méconnaître !

Convoquée dans ses comices, afin de choisir ceux à qui
elle doit confier, pour quatre années, le mandat législatif,
la France va se trouver par cela même appelée à se pro-
noncer indirectement, sur les graves décisions prises par
l'Assemblée qui vient de se dissoudre.

Elle va faire savoir à l'Europe attentive si, oui ou non,
elle accepte la forme de gouvernement qui lui a été imposée. Nous disons « *qui lui a été imposée,* » parce qu'en
effet, nous ne reconnaissons qu'à la nation seule le droit
d'engager l'avenir et de disposer des destinées du pays.
Or, depuis que l'émeute a renversé le Gouvernement impérial le 4 septembre 1870, le peuple n'a plus été con-
sulté sur cette importante question, que la Chambre a
pris la responsabilité de résoudre elle-même !

Si disposés que nous soyons donc à nous grouper autour du maréchal duc de Magenta, par estime pour son
caractère et par reconnaissance pour les grands services
rendus par lui à la patrie ; si résolus que nous soyons à lui

prêter notre concours aussi souvent que les intérêts conservateurs viendront à l'exiger, nous ne pouvons cependant pas considérer la République, dont il est le chef respecté, comme le gouvenement définitif de la France, tant que la France, directement consultée, n'aura pas exprimé son opinion !

Jusque-là nous ne verrons, dans l'état de choses actuel, que le provisoire organisé jusqu'en 1880, et rien de plus.

En vain les partisans de la forme républicaine, et tous ceux qui ont intérêt à ce que le pays ne soit pas interrogé, voudront-ils faire croire que l'Assemblée, élue au mois de février 1871, avait le droit de constituer ! — Il suffit, pour démontrer l'inexactitude de ces affirmations, de jeter un coup d'œil rapide sur les événements qui ont rempli les cinq dernières années.

Notre impitoyable vainqueur, ayant refusé de traiter avec le Gouvernement dit de la Défense nationale, Gouvernement sans mandat, issu de la trahison devant l'ennemi, la création d'une Assemblée nationale était devenue une nécessité absolue !

La conclusion de la paix et l'expédition des affaires urgentes, telle était la mission confiée aux nouveaux représentants !

Nul ne s'y trompa alors ! ni les électeurs ni les élus !

Le titre que l'Assemblée décerna à M. Thiers, à Bordeaux, le prouva bien d'ailleurs : elle le nomma simplement : « Chef du pouvoir exécutif. »

Lorsque, deux ans après, M. Thiers, d'accord avec celui qu'il avait qualifié de fou furieux, voulut non plus

organiser le provisoire, mais donner au pays une constitution répulicaine ; que fit la Chambre? — elle remercia
M. Thiers et le remplaça par le maréchal de Mac-Mahon,
c'est-à-dire par un vaillant soldat, loyal serviteur de la
France, mais qui, demeuré toute sa vie en dehors des
luttes politiques, ne devait, par cela même, porter
ombrage à personne.

Cette nomination confirmait dans leur opinion, tous
ceux qui étaient alors convaincus, que la Chambre n'avait
d'autre intention que de surveiller l'exécution du traité de
paix, et que, cette mission terminée, elle se retirerait,
remettant soit au peuple lui-même, soit à une autre
Assemblée, élue spécialement, le soin de fixer la forme
du gouvernement de la France.

Certes, si la Chambre s'était déclarée dissoute le jour
où le dernier Allemand quitta le sol de la patrie, une
page glorieuse lui eût été réservée dans nos annales ! Elle
ne l'a point voulu ! Livrée aux suggestions de l'esprit de
parti, elle a préféré demeurer et donner, pendant deux
ans, le spectacle de misérables intrigues et de scanda-
leuses discussions.

A peine, en effet, M. Thiers avait-il quitté le pouvoir,
que ceux-là mêmes qui l'avaient renversé pour avoir voulu
donner à la France une constitution républicaine ; ceux-
là mêmes qui avaient refusé d'admettre avec lui que l'Assemblée eût été investie du droit de constituer, imitèrent
son exemple, et à l'intrigue républicaine succéda l'intrigue monarchique !

La *fusion*, cette tentative toujours infructueuse de récon-
ciliation entre la branche aînée et la branche cadette
de la maison de Bourbon, échoua ! Le comte de Chambord avait pu consentir à oublier, devant l'humble
démarche du comte de Paris, d'amers souvenirs ; le chré-

tien avait pu pardonner le vote de la mort de Louis XVI, l'usurpation de 1830, l'incarcération de la duchesse de Berry ; mais le prince ne pouvait admettre aucun compromis entre les principes de la monarchie légitime et ceux de la monarchie de Juillet !

D'ailleurs les républicains, à leur tour, refusaient aux monarchistes le droit de voter le rétablissoment de la royauté, et ils les accusaient de vouloir abuser de la confiance que le pays avait mise en eux !

Après ces aveux successifs des deux partis qui se partageaient la Chambre, il n'y avait plus qu'une chose à faire : organiser le provisoire ! C'est ce qu'on fit en créant le Septennat, qui déclarait le pouvoir confié au maréchal de Mac-Mahon jusqu'en 1880.

Reconnaissant son incompétence à établir un gouvernement définitif et défini, l'Assemblée instituait un état de choses qui n'avait pas de signification précise et dont la durée était limitée. L'avenir était réservé ! Aussi y eut-il, après le 13 novembre, un mouvement très-sincère de ralliement autour du duc de Magenta. Tous les hommes de bonne volonté se mirent au service du nouveau Gouvernement, qui eut le bon sens de recruter son personnel administratif parmi les modérés des différentes nuances du parti conservateur.

Mais les intrigues ne tardèrent pas à recommencer, et la cause en fut celle-ci : dans cette Chambre, composée de plus de 700 membres divisés, à peu près également, en monarchistes et en républicains, se trouvait un groupe de députés peu nombreux, mais fort de toute la puissance du principe qu'il représentait.

C'étaient les députés de l'*Appel au Peuple !* Restés étrangers aux manœuvres par lesquelles, on avait voulu, à deux reprises, déposséder la nation du droit de choisir elle-même son gouvernement, ils avaient voté le Septennat, mais avaient toujours protesté énergiquement contre toute décision de l'Assemblée tendant à engager l'avenir d'une façon définitive! Aussi les élections partielles rendaient-elles justice à cette attitude du parti impérialiste, en envoyant siéger à la Chambre les notabilités du régime déchu !

Ces manifestations de l'opinion publique portèrent bientôt ombrage aux Républicains et aux Monarchistes, qui nous fournirent l'occasion d'assister à un étrange spectacle!

Eux, qui depuis quatre ans conspiraient sans relâche, osèrent accuser les Bonapartistes de conspiration ! On fit des visites domiciliaires chez tous ceux qu'on soupçonnait de sympathies pour les Napoléon ; on ouvrit des enquêtes, on rédiga des mémoires et des rapports. M. le Préfet de police Renault, tout dévoué à la coterie orléaniste, fut chargé d'établir l'acte d'accusation de ces *grands conspirateurs*, dont le seul crime était d'être élus par le suffrage de leurs concitoyens! On contesta la validité de l'élection d'un ancien chambellan de l'Empereur sans oser cependant le renvoyer devant ses électeurs, comme l'eût voulu la justice, comme le voulait la loi! On fit plus encore : afin d'être bien sûr que le pays n'enverrait plus à la Chambre aucun Bonapartiste, on supprima tout à fait les élections partielles !

Cela ne suffisait pas encore. On proclama la République! Ce qui n'avait pu réussir en 1873, réussissait en 1875, grâce au concours que prêtaient à MM. Thiers, Gambetta et Naquet, les membres du partis orléaniste!

Ce n'était pas la première fois que les Orléans s'affublaient du bonnet rouge ! Malgré leur appui, la majorité fut cependant assez mesquine : une voix ! — Qu'un député ait été retenu ce jour-là chez lui par une indisposition, et les destinées de la France étaient changées !

Peut-on réellement considérer comme définitif un gouvernement établi dans de pareilles conditions ? Nous ne le pensons pas et nous savons que le pays partage notre opinion.

En proclamant la République, en l'organisant, les Monarchistes et les Républicains coalisés ont cru faire la guerre au parti bonapartiste seulement. Ils se sont trompés Ce n'est pas un parti qu'ils ont frappé. Ce n'est pas une dynastie dont ils ont retardé le retour ; c'est la nation elle-même qu'ils ont offensée, en voulant la dépouiller de la plus importante de ses prérogatives, celle de choisir la forme du gouvernement de la France !

Les électeurs sauront se le rappeler à l'heure du scrutin !

II

Le Gouvernement et l'Assemblée ayant toujours refusé depuis cinq ans, d'interroger directement la nation, c'est donc par le choix de ses représentants qu'elle va trouver le moyen de faire connaître sa volonté.

Malheureusement, ainsi que cela a toujours lieu aux époques troublées, l'opinion, sollicitée dans tous les sens, est devenue indécise, et il est, à l'heure présente, fort difficile de préjuger ce que sera le résultat des prochaines élections.

Néanmoins plusieurs hypothèses se présentent à notre esprit, et nous allons les soumettre aux électeurs, avec les diverses conséquences qu'elles peuvent entraîner.

La Chambre qui va sortir des élections du 20 février peut, en effet, comme celle qui l'aura précédée, se trouver fort divisée et par cela même sans majorité; il pourrait arriver qu'elle fût monarchique; elle peut être entièrement républicaine, la lutte y étant engagée entre le radicalisme à outrance et ce qu'on est convenu d'appeler la *République conservatrice;* enfin, il est possible que la majorité en soit impérialiste, et par conséquent plébiscitaire.

Examinons, une à une, les précédentes hypothèses et voyons quels avantages et quels inconvénients peuvent en découler !

———

Si la Chambre nouvelle renferme les mêmes éléments que la dernière et dans des proportions à peu près égales, nous allons être condamnés à assister, pendant quatre ans, à d'énervantes discussions, à de stériles intrigues, à de honteux compromis! Nous verrons l'indécision présider à tous les actes du Pouvoir exécutif; nous serons témoins des discussions intestines qui agiteront le ministère, dont les membres, pris dans les diverses fractions de la Chambre, ne seront jamais en communauté d'opinions !

L'enceinte où doivent s'élaborer les lois, où les grands intérêts du pays doivent être débattus avec calme, sera le théâtre de luttes ardentes où chacun viendra perdre et le respect de soi-même et celui des graves fonctions dont il aura été investi.

La presse ne tardera pas à suivre l'exemple de l'Assemblée, et l'agitation descendra des hautes sphères de la politique jusque dans la nation elle-même. Le commerce et l'industrie, qui ont besoin de tranquillité, à qui il importe surtout que l'avenir soit assuré, souffriront ; et, malgré cette merveilleuse facilité avec laquelle notre beau pays sort des crises les plus terribles, malgré cette puissance productrice dont l'étranger lui-même est ébloui, la prospérité de la France se trouvera grandement compromise. L'inquiétude paralysera nos forces vitales et, lorsque arrivera le terme de ces années de septennat sur lesquelles les hommes d'ordre comptent, pour laisser aux passions le temps de s'étcindre et pour préparer l'avenir, nous nous trouverons plus épuisés, plus énervés, plus divisés que jamais en face du terrible Inconnu !

Une fois de plus, la République aura commencé dans le sang et fini dans l'imbécillité ! Ce sera le Directoire, mais le Directoire sans l'éclat que jetèrent, sur cette triste époque, les glorieux faits d'armes des Masséna et des Bonaparte !

Il faut donc, à tout prix, arriver à ce que, dans la prochaine Chambre, il se trouve une majorité compacte et conservatrice ! Ce résultat, qui serait facile à obtenir si nos révolutions successives n'avaient pas mis la division parmi les membres du grand parti de l'ordre, devient malheureusement incertain tant que l'électeur conservateur, à qui nous nous adressons, ne consentira pas à faire, en faveur de l'intérêt général, le sacrifice de ses sympathies personnelles !

Placé en face de candidats monarchistes, républicains modérés et impérialistes, à qui faut-il donner la préférence? Voilà la question que chaque électeur doit se poser, et à laquelle nous allons essayer de répondre en continuant l'examen des hypothèses que nous avons émises plus haut.

Supposons donc les élections telles, que la majorité de la Chambre soit franchement monarchique.

Il est incontestable que, dans ce cas, les intérêts conservateurs n'auraient rien à redouter. Les monarchistes ont été de tout temps les défenseurs du trône et de l'autel ; ils professent un profond respect pour les droits sacrés de la famille et de la société.

L'histoire de la monarchie est trop intimement liée à celle de la France pour qu'il en soit autrement. Nous avons eu souvent à souffrir des fautes et des crimes de nos Rois ; mais nous leur sommes aussi redevables d'une grande partie de notre gloire et de notre grandeur !

Malheureusement cette union entre la France et la Dynastie capétienne a été violemment rompue à la fin du siècle dernier.

Les républicains ont fait tomber sur l'échafaud la tête de Louis XVI ; aussi, lorsque, en 1814, Louis XVIII et les émigrés rentrèrent en France, ce fut animés des sentiments les plus hostiles. Confondant dans une même haine les réformes de 1789 et les forfaits de 1793, ils méritèrent qu'on dît d'eux : *qu'ils n'avaient rien appris, ni rien oublié !*

Au lieu d'accepter sans récriminations les grands changements qui s'étaient opérés pendant leur absence, au lieu de respecter les gloires de la France impériale, il sembla que les royalistes n'eussent qu'une pensée : rendre la monarchie antipathique à la nation !

On vit alors, en effet, un gouvernement français persécuter et traiter en parias les nobles débris de la grande armée ; on vit un Roi de France, peu soucieux des justes susceptibilités de notre patriotisme, revêtir le duc de Wellington de la dignité de maréchal. Louis XVIII fit plus encore, il osa permettre au roi d'Angleterre de placer, dans une des salles du château de Windsor, le portrait du duc d'Angoulême à côté de celui des princes et des généraux dont la coalition avait amené l'écrasement de la France à Waterloo !

Enfin, pendant quinze ans, le gouvernement de la Restauration travailla sans relâche à confisquer, une à une, toutes les prérogatives que le peuple devait à la Révolution !

Voilà ce que furent les légitimistes au pouvoir !

Quelle fut la politique de la monarchie de Juillet? La liberté de la presse, au nom de laquelle Louis-Philippe usurpa le trône, fut-elle respectée? Les lois répressives de 1835 sont là pour répondre à cette question.

Quel progrès économique ou social s'est accompli sous ce régime? Aucun. La France a piétiné pendant dix-huit ans; elle n'a pas fait un seul pas en avant.

Enfin, lorsque la réforme électorale fut demandée en 1848, elle trouva dans le Gouvernement un adversaire si résolu, que le peuple perdit patience, et pour la seconde fois la monarchie constitutionnelle s'écroula.

On voit, par ce qui précède, que malgré leurs préten-tions au libéralisme, les monarchistes ont à deux reprises différentes perdu le pouvoir, pour avoir voulu confisquer les libertés, ou pour s'être montrés rebelles à tout progrès !

L'arrivée à la Chambre d'une puissante majorité politique réactionnaire, nous ramènerait forcément au temps où à Paris, à Lyon et dans les grandes villes, l'é-meute était en permanence !

Quant à préparer l'avenir en vue d'éventualités qu'il ne faut jamais perdre de vue, les monarchistes y sont impuissants ! Depuis 1830, la division s'est mise dans leurs rangs et les haines qui séparent les partisans de la mai-son de Bourbon de ceux de la famille d'Orléans, sont aujourd'hui plus vives et plus ardentes que jamais. Nous avons été récemment témoins, au moment de l'élection des sénateurs par l'Assemblée, de la puissance et de l'intensité de ces passions.

Du reste, il ne nous paraît pas probable que le parti monarchiste obtienne la majorité que nous venons de lui accorder un instant. La royauté légitimiste est devenue, pour les populations des campagnes, synonyme de retour à l'ancien régime. Quant à la monarchie de Juillet, elle a passé sans laisser de traces, et les princes d'Orléans ne sont connus ni de l'ouvrier ni du paysan ; leur nom ne réveille en eux aucun souvenir !

Il a fallu des circonstances particulières, comme celles qui ont accompagné les élections de 1871, pour que les partisans de la royauté se soient trouvés aussi nombreux dans une Assemblée française.

Élus, comme protestation contre la dictature Gambettiste, on ne leur demanda pas alors leurs principes politiques. Depuis, ils ont dû s'apercevoir du peu de popularité de leur cause, lorsque, en 1873, ils ont essayé de profiter de la situation qu'ils occupaient, pour rétablir la monarchie. La nation est demeurée indifférente pour ne pas dire hostile à leur tentative, qui n'a trouvé de sympathies que que dans la haute noblesse, ou auprès de quelques membres de l'aristocratie bourgeoise.

En somme, la France n'aurait rien à gagner à ce que la prochaine Chambre renfermât une majorité monarchique. Car cette majorité, composée d'éléments ennemis, au lieu de rester compacte le jour où les circonstances viendraient à exiger de promptes résolutions, se disloquerait certainement et laisserait le Pouvoir livré sans défense aux entreprises de la démagogie.

La troisième hypothèse entrevue par nous est celle d'une Chambre presque entièrement républicaine, et dont les membres représenteraient toutes les nuances du républicanisme, depuis ce qu'on appelle la *République-conservatrice* jusqu'au *Radicalisme* le plus foncé.

Une Chambre pareille serait un danger réel pour la France, ainsi que nous allons le démontrer :

Pas plus que le parti monarchique, le parti républicain n'est homogène ; à cette différence, cependant, que tandis que les monarchistes sont tous d'accord sur la nécessité de défendre et de sauvegarder les droits de la société française, la majorité des républicains est, au contraire, d'avis qu'il faut renverser de fond en comble l'édifice social.

Dans une Assemblée entièrement républicaine il y aura donc antagonisme continuel entre les conservateurs et les radicaux, la victoire devant fatalement demeurer aux derniers.

Résultat qu'il est aisé de prévoir lorsqu'on examine avec quelque attention les éléments dont se compose le parti de la République dite conservatrice.

Qu'y voyons-nous, en effet? — Des orléanistes qui, après de vains efforts pour restaurer avec l'aide du comte de Chambord la monarchie constitutionnelle, se sont dit que ne pouvant arriver à leurs fins, il leur fallait au moins barrer la route à l'Empire ; qu'il suffisait pour cela de retourner leur habit et de se déclarer partisans de la République. Excellente combinaison d'ailleurs, qui leur permettrait d'attendre, — munis comme ils le sont, qui d'un portefeuille, qui d'une ambassade, qui d'une préfecture, — le moment désiré où la disparition du chef de la maison de Bourbon leur faciliterait le rétablissement du régime qui leur est cher ! Royalistes sans franchise,

républicains sans conviction,ce sont eux qui ont inventé
la théorie de la République sans républicains!

A côté d'eux figurent ceux qui paraissent avoir une foi
entière dans la supériorité de la République sur toute
autre forme de gouvernement! Bien que ne partageant
pas leur manière de voir, nous respectons la sincérité de
leur opinion ; mais nous avons peu de confiance dans leur
habileté pour assurer à la France le calme et la prospérité.

Philosophes, hommes de lettres, avocats ou savants
pour la plupart, nous les croyons très-aptes à discuter
avec éloquence sur la pondération des pouvoirs ; nous leur
accordons qu'ils excellent à rédiger, dans le silence du
cabinet, des projets de constitution fort séduisantes sur
le papier ; mais nous savons combien ils sont impuissants,
lorsqu'ils ont à lutter contre les difficultés de la vie
réelle ; lorsqu'il leur faut vaincre des obstacles qu'ils
n'ont point su prévoir, gros de périls qu'ils n'ont pu con-
jurer!

En face du parti radical, uni, entreprenant et résolu ;
en face de cette coalition d'ambitions malsaines, d'impa-
tientes convoitises, dont les ardeurs, habilement dissi-
mulées sous l'éloquence pateline de M. Gambetta, se
trahissent d'une façon si effrayante dans les violentes
apostrophes de MM. Naquet, Lockroy et consorts, quel
secours apporteraient au gouvernement du Maréchal,
quelle garantie offriraient aux intérêts conservateurs ces
hommes d'illusions ou de compromis?

Que sont devenus les Girondins, qui furent aussi les
apôtres d'une République honnête, modérée, élégante,
athénienne, lorsqu'ils ont eu à lutter contre l'audace de
Danton, l'implacable ambition de Robespierre, le cynisme
sanguinaire de Marat?

De concessions en concessions, de défaillances en défail_
lances, il sont fini par devenir les victimes des Montagnards,
après en avoir été les dupes et les complices!

Nous ne craignons donc pas de l'affirmer : — dans une
Chambre entièrement républicaine, le radicalisme sera
bientôt tout-puissant, et nous aurons de nouveau à assister aux scènes terribles dont l'Assemblée législative et
la Convention ont été successivement le théâtre!

Que deviendra alors l'édifice laborieusement élevé par
les républicains conservateurs ? Que pourra, contre une
démagogie triomphante, un Président irresponsable devant
la nation, et mal secondé dans ses résistances par un
Sénat sans homogénéité, sans autorité et sans prestige ?

Que fera le maréchal duc de Magenta le jour où il se
verra obligé de recevoir de la Chambre un ministère
radical ? Quel sera le sort de la France, livrée à cette
Commune légale qui décrétera l'avénement *des nouvelles
couches* sociales, et rappelera de Nouméa les *pauvres
égarés* dont le seul crime est d'avoir, en 1871, incendié
nos monuments et nos demeures, fermé nos églises,
égorgé nos prêtres, insulté nos généraux, massacré nos
soldats, comme l'avaient déjà fait leurs prédécesseurs de
1793 et de 1848 ?

En admettant même que le Maréchal ne donne pas sa
démission et qu'il accepte courageusement la lutte, qui
peut répondre de l'issue d'un pareil conflit ?

Afin de n'être pas accusé de voir les choses sous des
couleurs trop sombres, nous allons envisager l'avenir que
peut nous préparer une Chambre républicaine, en sup-
posant la majorité conservatrice de l'Assemblée assez forte
pour tenir le radicalisme en échec :

Dans cette hypothèse, malgré quelques agitations parlementaires, le fonctionnement régulier de la nouvelle Constitution se trouve à peu près assuré, et le Maréchal jouit sans trouble jusqu'en 1880 du pouvoir qui lui a été confié en 1873. Soit !

Croit-on que, pour cela, le pays sera beaucoup plus calme et beaucoup plus rassuré?

Sans nous arrêter à cette éventualité pénible, qu'il faut cependant prévoir, de la mort subite du Président, ce qui livrerait les destinées de la France à des mains inconnues, croit-on qu'à mesure que le terme du mandat confié au Maréchal deviendra plus prochain, l'inquiétude n'ira pas grandissant dans le pays?

Les ardentes compétitions que ne manquera pas de soulever la perspective d'une vacance prochaine du pouvoir, ne seront-elles par la cause d'incessantes agitations?

Quand on songe que ces agitations, si fatales au commerce, seront nécessairement périodiques et reviendront à de courts intervalles, on est effrayé du préjudice que le régime républicain, même modéré, doit fatalement porter à la prospérité générale.

Il est cependant un danger plus grand encore pour l'avenir du pays, c'est la possibilité laissée à tous d'aspirer au rang suprême, danger plus à redouter en France que partout ailleurs : et voici pourquoi,

La France est une nation militaire. Aussi longtemps que nous compterons parmi les grands peuples de l'Europe, nous garderons de nos ancêtres gaulois l'amour de la gloire et l'admiration des vertus guerrières.

Les États-Unis ont obéi à un sentiment semblable en élevant successivement à la présidence Washington, Monroë et Grant. Mais, si l'avénement au pouvoir de ces trois généraux n'a pas eu un fâcheux résultat pour la république américaine, en serait-il de même pour la France?

Les États-Unis n'ont aucun dangereux voisin qui les oblige à être continuellement sur la défensive. Leur existence ne dépend pas du nombre de soldats qu'ils ont sous les armes; aussi l'esprit militaire y est-il peu développé. En nommant présidents Washington, Monroë et Grant, les Américains ont payé une dette de reconnaissance envers des hommes qui avaient rendu d'immenses services au pays, dans des circonstances exceptionnelles dont le retour seul pourrait encore amener de semblables nominations!

Dans notre pays les conditions sont différentes. L'état de paix armée dans lequel se trouve l'Europe depuis deux cents ans, force chaque puissance à entretenir des armées nombreuses, et l'élément militaire tient une place considérable dans notre organisation sociale et politique. Il est donc à redouter que nos généraux, exclus de la Chambre, mais admis à solliciter du suffrage de leurs concitoyens leur élection au Sénat, ne se mêlent ainsi à la vie politique, et, s'habituant peu à peu à l'idée que chacun peut être appelé à occuper la première place dans l'État, finissent par n'être plus que des instruments entre les mains des partis.

N'est-il pas à craindre que nous en arrivions, graduellement, au régime des *pronunciamientos* si fatal à l'Espagne monarchique, et qui a jeté les républiques de l'Amérique du Sud dans un état de continuelle anarchie?

Nous serions heureux de voir l'avenir donner un démenti à nos douloureux pressentiments; mais malheureusement nos craintes ne sont pas sans motif, et il nous serait déjà facile de citer les noms de ceux de nos généraux que chaque parti semble tenir en réserve, pour le jour où il s'agira de donner un successeur au Maréchal duc de Magenta!

Ainsi donc, dans une Chambre républicaine, nous devons fatalement être conduits : soit au régime des *pronun-ciamientos*, soit à la Commune légale, c'est-à-dire, dans l'un ou l'autre cas, à la décadence et à la ruine !

Nous voici enfin arrivés à la dernière hypothèse, celle d'une Chambre à majorité plébiscitaire et impérialiste.

Ici plus de discussions intestines, plus de divisions ; comme dans le cas d'une majorité monarchique, les bonapartistes sont unis ; plus de conflit entre le Président et la Chambre, comme cela aurait lieu avec une Assemblée entièrement républicaine. Le Maréchal ne peut oublier que le Gouvernement impérial a largement récompensé ses loyaux services ; de leur côté, les impérialistes n'ont jamais cessé de respecter le glorieux soldat de Sébastopol et de Magenta !

Ces souvenirs et ces sympathies sont donc la garantie de l'entente parfaite qui s'établirait bientôt entre l'Assemblée et le chef de l'État ; accord nécessaire au Gouvernement, qui y gagnerait en prestige et en autorité ; plus nécessaire encore au pays qui, débarrassé de toute inquiétude, de toute agitation dans le présent, pourrait envisager l'avenir avec plus de confiance !

Il nous paraît presque inutile d'insister sur les sentiments conservateurs du parti impérialiste. Deux fois les Bonaparte nous ont sauvés de l'anarchie, et jamais notre prospérité n'a été plus grande que sous leur règne ; jamais la richesse publique ne s'est accrue dans des proportions plus considérables.

Avec l'appui d'une Chambre impérialiste, le Président pourrait donc assurer à la France, jusqu'à la fin de son mandat, le développement paisible de sa grandeur industrielle et commerciale.

Que, pour une cause ou pour une autre, au contraire, le Pouvoir devienne vacant, et c'est alors que le pays aurait à se féliciter de ce que la direction des affaires publiques eût été confiée aux partisans de l'Appel au Peuple !

Énergiques défenseurs des droits de la Nation, les bonapartistes ne demanderaient pas, en effet, à de misérables intrigues la solution du problème en face duquel la France se trouverait alors placée, — ainsi que ne manqueraient pas de le faire les monarchistes ou les républicains. — C'est au peuple lui-même, directement interrogé, qu'ils laisseraient le soin de le résoudre.

Le parti impérialiste qui se présente devant les électeurs la tête haute et le visage découvert, est l'objet de violentes attaques de la part de ses adversaires ! Les royalistes l'accusent d'être révolutionnaire, les républicains, d'être autoritaire. Pourquoi ? — Parce que vis-à-vis des premiers il s'est posé en champion résolu des conquêtes de 1789 ; vis-à-vis des seconds, en adversaire acharné des panégyristes de 1793.

On veut faire également peser sur l'Empire l'entière responsabilité des désastres qui ont récemment frappé la France. L'enquête parlementaire sur le 4 septembre vient de faire justice de ces calomnies !

Il suffirait d'ailleurs de connaître les accusateurs pour savoir ce que valaient les accusations. — Qui étaient-ils ? M. Thiers ? Le plus coupable de tous ; car, n'ayant pas, comme MM. Jules Simon, Pelletan, Crémieux, Glais-Bizoin et Picard, l'excuse de l'ignorance, il avait paralysé, *par esprit de parti*, les intelligents efforts du maréchal Niel pour mettre la France en état de résister aux attaques déjà prévues de la Prusse !

M. Jules Favre ? Cet homme fatal que les hontes de sa vie privée auraient dû condamner au silence ; ce mauvais génie de la France, qu'il a plongée dans une lutte sans espoir, afin d'avoir une excuse à sa trahison devant l'ennemi ; cet avocat à la parole venimeuse, qui, après avoir refusé de signer une paix honorable, nous a réduits à la nécessité d'accepter, six mois plus tard, les terribles exigences du vainqueur ; ce tribun sans pudeur qui, pour sauver sa popularité malsaine, a mieux aimé, malgré les conseils de M. de Bismarck, désarmer nos braves soldats que de retirer leurs fusils à ceux qui devaient en faire usage le 18 mars ! Ce diplomate sans âme, qui aussi, *par oubli*, a laissé égorger notre armée de l'Est, crue protégée par la signature de l'armistice !

Qui est-ce encore ? M. Gambetta, ce Carnot d'estaminet, qui, avec MM. Spuller et Pipe-en-Bois, rédigeait les plans de campagne qu'il osait imposer à des généraux comme Bourbaki, d'Aurelles de Paladines et Chanzy ! Ce fou furieux, comme l'appelait M. Thiers lorsqu'il n'était pas encore son complice !

Les monarchistes eux-mêmes entraînés par leurs passions n'ont pas craint de se joindre à de pareils hommes !

Plus mesurés dans leurs expressions, mais non moins injustes, ils prétendaient que le régime impérial seul peut amener des désastres semblables à ceux de Waterloo et de Sedan, comme si la Royauté avait préservé la France de calamités analogues !

Les annales de notre pays, si fertiles en souvenirs glorieux, sont, hélas ! aussi fécondes en douloureux événements ! Courtray, Crécy, Poitiers, Azaincourt, Guinegate, Pavie, Saint-Quentin, Hochstædt, Ramillies, Malplaquet, Rosbach ont vu, sous la monarchie, la France luttant sans cesse contre l'adversité ! Trois de nos rois vaincus, saint Louis,

Jean le Bon et François Ier ont été faits, comme Napoléon III, prisonniers sur le champ de bataille !

Il faut enfin que les monarchistes nous considèrent comme bien peu au courant de notre histoire, pour se figurer que nous ignorions que, mainte et mainte fois avant 1814 et 1870, l'ennemi a mis le pied sur notre territoire ! Sans remonter aux sombres époques du moyen âge, est-ce que la France n'a pas été envahie sous François Ier, sous Henri II, sous Henri III et sous Louis XIV ?

A ceux-là donc qui font un crime irrémissible aux Napoléon de deux campagnes malheureuses, nous répondrons en citant cette interminable série de victoires qui commence à Mondovi et finit à Solférino. Si la France est sortie riche et puissante des convulsions sanglantes de 1793, des énervantes discussions du Directoire; si la foi catholique a été rétablie; si notre administration est assez fortement organisée, pour résister aux secousses pénibles des révolutions; si notre législation a servi de modèle à plus d'une nation voisine; si les droits du peuple ont été définitivement inscrits dans nos lois; si notre sol est sillonné de canaux et de chemins de fer; si, grâce à un régime économique plus libéral, notre commerce a pris un accroissement prodigieux, c'est aux Napoléon que la France le doit !

On leur a reproché d'être autoritaires, et il s'est trouvé des gens pour hausser les épaules lorsque sous l'Empire on leur faisait voir le spectre rouge prêt à fondre sur sa proie. Le 18 mars a prouvé la justesse des appréhensions du Gouvernement impérial, qui, si despotique qu'on l'ait accusé d'être, était cependant plus libéral encore que ne l'ont été les orléanistes au pouvoir depuis cinq ans.

III.

Avant de terminer cette étude des diverses influences que peuvent avoir sur les destinées du pays les élections prochaines, il nous reste à examiner la question à un autre point de vue, et à nous demander quel accueil les cabinets de l'Europe feraient à l'avénement au pouvoir de tel ou tel parti politique.

De tous les régimes, celui qui a les préférences de l'Allemagne est le régime actuel. Cela est facile à comprendre. Notre ennemi ne dissimule pas ses craintes de voir la France reprendre, dans le concert européen, la place qui lui est due. Il a donc tout intérêt à ce que l'indécision et l'incertitude règnent dans notre gouvernement! Il compte pour cela sur l'antagonisme des partis, d'autant plus ardents à se combattre que le septennat laisse la porte ouverte à toutes les espérances.

S'il ne désire pas le triomphe complet du radicalisme, ce n'est certes pas qu'il en redoute pour nous les dangers, mais par crainte de la contagion. Néanmoins, il ne ferait rien pour le décourager, tant qu'il y verra une source d'agitations et d'embarras pour notre gouvernement.

Le procès d'Arnim nous a révélé en partie les opinions du chancelier de l'empire d'Allemagne, et nous savons que toute restauration en France d'un régime présentant des garanties de stabilité lui serait désagréable. Quant à la répugnance qu'il a spécialement manifestée pour le rétablissement de la monarchie, elle s'explique par les difficultés que les royalistes ne manqueraient pas de susciter à M. de Bismarck au sujet de sa politique religieuse.

Le gouvernement que désire pour nous le cabinet de Berlin, est donc celui qui nous laissera plus isolés et plus abaissés. C'est à ce titre que la République a toutes ses sympathies !

Les autres puissances européennes voient d'un œil moins jaloux la France se relever de ses désastres. Certaines même attendent avec impatience le jour où il nous sera possible de sortir de la réserve que nous impose, pour le moment, notre faiblesse relative.

La France est nécessaire à l'équilibre européen. C'est vers elle que les peuples faibles ont toujours tourné leurs regards lorsqu'ils se sont sentis menacés. Les nations puissantes elles-mêmes ont eu parfois à souffrir de ce que la France ne fût plus là pour garantir la fidèle exécution des traités. L'Angleterre a dû, en 1871, regretter l'égoïsme de la politique du ministère Gladstone, le jour où la Russie lui a signifié la dénonciation du traité de Paris !

Si désireux que nous soyons donc de voir la paix maintenue en Europe, nous ne pouvons empêcher cependant que de graves questions s'agitent sur l'Orient. Il faut que la France soit en état, sinon de prendre une part active aux événements, du moins d'en diriger le cours.

Pour que notre diplomatie puisse agir avec efficacité, il ne suffit pas qu'elle soit appuyée par des baïonnettes ; il faut aussi que notre Gouvernement ait les sympathies de l'étranger ; il faut qu'il jouisse d'une certaine considération, d'un certain prestige.

Le Maréchal de Mac-Mahon a personnellement l'estime de l'Europe ; mais l'influence de son Gouvernement sera proportionnée à la confiance qu'inspireront les hommes ayant avec lui le maniement des affaires.

Nous n'avons pas besoin d'insister sur les justes méfiances de l'Europe monarchique contre la forme républicaine.

La proclamation de la République en France a toujours été le signal de quelque insurrection chez les peuples voisins. En principe, tout gouvernement républicain est considéré par les souverains comme un danger permanent, contre lequel il faut se mettre en garde. — Danger si la République est modérée, car elle diminue d'autant le prestige monarchique (hypothèse qui ne s'est jamais réalisée d'ailleurs.) — Danger, si elle est violente ; car alors elle prêche la haine des Rois et fait de la propagande révolutionnaire.

Enfin, quelles relations sérieuses peuvent réellement entretenir les cours de l'Europe avec un Gouvernement dont le chef, aujourd'hui honorable et respecté, peut avoir demain pour successeur quelque pilier d'estaminet ou quelque orateur de carrefour?

On peut donc affirmer que toute majorité anti-républicaine recevra en Europe un accueil favorable !

Si les Princes ne considéraient que leurs tendances personnelles, la nouvelle de l'arrivée au pouvoir des partisans de la légitimité serait acceptée avec satisfaction. Possédant le trône en vertu du droit divin, ce sentiment est chez eux fort naturel ; mais les Rois sont obligés aujourd'hui de compter avec les nécessités de la politique, et la restauration de la Monarchie en France aurait, pour plusieurs gouvernements européens, de graves inconvénients.

Les États protestants y verraient une menace pour la liberté religieuse ; l'Allemagne et l'Angleterre ne tarderaient pas à signaler comme menaçantes les menées de l'Ultramontanisme. Quant aux deux puissances catholiques du midi, l'Italie et l'Espagne, elles ne seraient pas moins inquiètes à l'idée d'une prépondérance de l'élément légitimiste dans les conseils du Gouvernement.

Victor-Emmanuel en redouterait, non sans raison peut-être, des tentatives en faveur de la Papauté temporelle ! Alphonse XII ne pourrait oublier les sympathies manifestées par le comte de Chambord et ses partisans en faveur du prétendant don Carlos.

Quant à la famille d'Orléans, les cours de l'Europe la tiennent (au point de vue politique bien entendu) en médiocre estime. Il est quelque chose, en effet, que les souverains redoutent plus que l'insurrection qui les attaque en face ; c'est la trahison assise au pied du trône et les frappant par derrière.

Nous croyons au contraire que l'arrivée aux affaires du parti bonapartiste trouverait, partout ailleurs qu'en Allemagne, de vives sympathies.

L'Angleterre sait que les Bonaparte ont cessé de lui être hostiles ; l'alliance anglo-française, œuvre de Napoléon III, a presque effacé le souvenir de haines séculaires. — Elle sait donc que le parti bonapartiste ne fera que resserrer les liens qui unissent les deux nations ; tandis qu'elle se demande si, le parti monarchique une fois au pouvoir, il n'y aurait pas à redouter l'abandon de la politique libre-échangiste inaugurée par l'Empire.

La Russie, qui ne voit pas sans une certaine inquiétude l'accroissement de la prépondérance militaire de l'Allemagne, a laissé voir à plusieurs reprises les tendances de sa politique vers une alliance française; les témoignages non équivoques de sympathie et d'affection donnés par le Czar au fils de Napoléon III, lors de son dernier séjour en Angleterre, ne permettent pas de douter que cette alliance soit rendue plus facile le jour où les partisans du Prince impérial arriveraient aux affaires.

L'Italie — nous n'entendons pas parler de l'Italie de Mazzini et de Garibaldi — recevrait, dans le succès des Bonapartistes, la certitude que son unité ne serait pas menacée. Si Napoléon III a cru devoir défendre jusqu'au dernier jour l'infortuné Pie IX, aujourd'hui que Rome est devenue la capitale du royaume italien, le parti impérialiste ne peut qu'accepter, sans arrière-pensée, le fait accompli ; les créateurs de l'indépendance italienne ne peuvent détruire leur œuvre.

Avec les Républicains, au contraire, le roi d'Italie a à redouter la propagande révolutionnaire ; avec les Royalistes, il lui faut s'attendre à des essais de rétablissement du pouvoir temporel des Papes.

Enfin le jeune souverain qui règne sur l'Espagne n'a pas oublié le généreux accueil qui lui a été fait par le Gouvernement impérial lorsque la Révolution l'a obligé à venir demander asile à la France.

Lorsque l'adversité est venue frapper à son tour le fils de l'Empereur, la communauté de situation n'a fait que rendre plus vive l'amitié qui unissait les deux princes.

Le retour de l'Empire serait donc certain d'être accueilli avec une sympathie sincère par la Cour de Madrid, qui redoute les Républicains et les Légitimistes et qui n'a pas eu beaucoup à se louer de la famille d'Orléans.

Donc, à l'extérieur aussi bien qu'à l'intérieur, l'arrivée à la Chambre d'une majorité bonapartiste et plébiscitaire serait, de toutes les solutions qui pourraient sortir des élections prochaines, la plus favorable aux vrais intérêts de la France.

IMPRIMERIE CENTRALE DES CHEMINS DE FER. — A. CHAIX ET Cie,

RUE BERGÈRE, 20, A PARIS. — 8102-6.

A. CHAIX ET Cie
R. BERGÈRE, 20

www.ingramcontent.com/pod-product-compliance
Lightning Source LLC
LaVergne TN
LVHW012316050726
842524LV00004B/1432